Goldilocks and the Three Bears

Boucle d'Or et les Trois Ours

First published 2024 by Mooliprint

© 2024 Mooliprint

All rights reserved.

ISBN 978-1-915963-14-7

This book belongs to

Ce livre appartient à

....

Once upon a time, there were three bears. A Papa Bear, a Mama Bear and a Baby Bear.

Il était une fois, trois ours. Un Papa Ours, une Maman Ours et un Bébé Ours.

One day, Daddy Bear made some delicious porridge but it was too hot so they went out for a long walk to let the porridge cool.

Un jour, Papa Ours prépara de la délicieuse bouillie mais elle était trop chaude, alors ils décidèrent de faire une longue promenade pour laisser la bouillie refroidir.

While they were out, a curious girl named Goldilocks stumbled upon their home.

Pendant leur absence, une petite fille curieuse nommée Boucle d'Or tomba sur leur maison.

Finding the door unlocked, she entered, drawn by the smell of porridge.

Trouvant la porte déverrouillée, elle entra, attirée par l'odeur de la bouillie.

She tasted the porridge from the three bowls on the table.
Papa Bear's porridge was too hot.

Elle goûta la bouillie des trois bols sur la table. La bouillie de
Papa Ours était trop chaude.

Mama Bear's too cold, but Baby Bear's was just right, so she ate it all up!

Celle de Maman Ours trop froide, mais celle de Bébé Ours était juste bien, alors elle mangea tout le bol !

After eating, Goldilocks felt tired and explored the house further, finding three chairs in the living room. She tried sitting in all of them.

Après avoir mangé, Boucle d'Or se sentit fatiguée et explora davantage la maison, trouvant trois chaises dans le salon. Elle essaya de s'asseoir sur chacune d'elles.

Papa Bear's chair was too hard, Mama Bear's chair was too soft, but Baby Bear's chair was just right. Unfortunately, when she sat on it, the chair broke into pieces!

La chaise de Papa Ours était trop dure, celle de Maman Ours trop molle, mais celle de Bébé Ours était juste bien. Malheureusement, quand elle s'assit dessus, la chaise se brisa en mille morceaux !

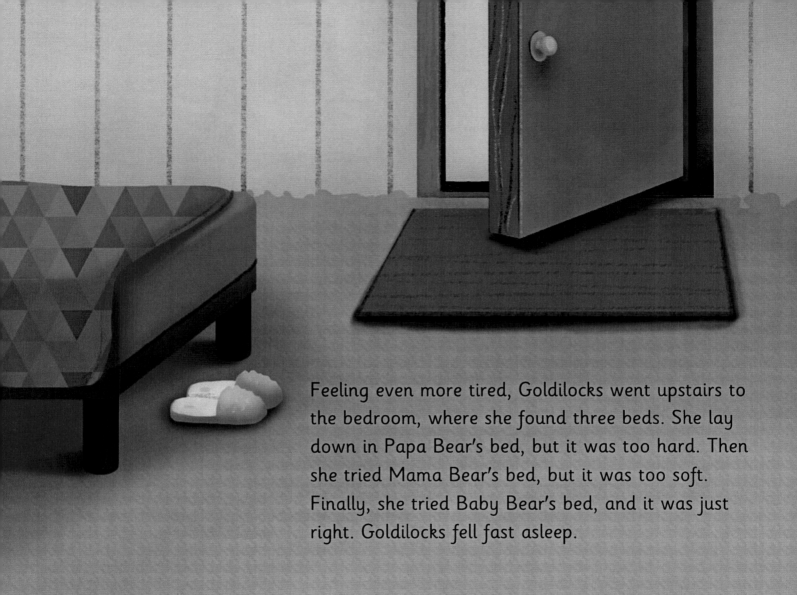

Feeling even more tired, Goldilocks went upstairs to the bedroom, where she found three beds. She lay down in Papa Bear's bed, but it was too hard. Then she tried Mama Bear's bed, but it was too soft. Finally, she tried Baby Bear's bed, and it was just right. Goldilocks fell fast asleep.

Se sentant encore plus fatiguée, Boucle d'Or monta à l'étage dans la chambre , où elle trouva trois lits. Elle se coucha dans le lit de Papa Ours, mais il était trop dur. Puis, elle essaya le lit de Maman Ours, mais il était trop mou. Finalement, elle essaya le lit de Bébé Ours, et il était juste bien. Boucle d'Or s'endormit profondément.

Meanwhile, the three bears returned home to find that someone had been eating their porridge. Papa Bear noticed his spoon was moved.

Pendant ce temps, les trois ours rentrèrent à la maison pour découvrir que quelqu'un avait mangé leur bouillie. Papa Ours remarqua que sa cuillère avait été déplacée.

Mama Bear saw her porridge had been tasted, and Baby Bear cried, "Someone ate all my porridge!"

Maman Ours vit que sa bouillie avait été goûtée, et Bébé Ours pleura, « Quelqu'un a mangé toute ma bouillie ! »

Then, they saw that someone had been sitting in their chairs.
Papa Bear saw his chair was disturbed.

Ensuite, ils virent que quelqu'un s'était assis dans leurs chaises.
Papa Ours vit que sa chaise avait été dérangée.

Mama Bear noticed the cushion on her chair had moved, and Baby Bear found his chair was completely broken!

Maman Ours remarqua que le coussin de sa chaise avait bougé, et Bébé Ours trouva sa chaise complètement cassée !

They moved quietly upstairs where they discovered Papa Bear's blanket had been moved.

Ils montèrent silencieusement à l'étage où ils découvrirent que la couverture de Papa Ours avait été déplacée.

Mama Bear's pillow was squashed, but to their surprise they found Goldilocks sleeping in Baby Bear's bed. At the sound of their voices, she woke up!

L'oreiller de Maman Ours était écrasé, mais à leur surprise, ils trouvèrent Boucle d'Or endormie dans le lit de Bébé Ours. Au son de leurs voix, elle se réveilla !

She jumped out of bed and ran all the way home.

The three bears lived happily ever after in their little house in the forest, always remembering to lock their door when they went out.

Elle sauta du lit et courut jusqu'à chez elle.

Les trois ours vécurent heureux pour toujours dans leur petite maison dans la forêt, se rappelant de toujours verrouiller leur porte quand ils sortaient.

As for Goldilocks, she learned to never enter someone's house without permission.

Quant à Boucle d'Or, elle apprit à ne jamais entrer dans la maison de quelqu'un sans permission.

Find the name of the bears

Trouvez le nom des ours.

Mama
Bear
Maman
Ours

Baby
Bear
Bébé
Ours

Papa
Bear
Papa
Ours

Help Goldilocks get home!

Aidez Boucle d'Or à rentrer chez elle !

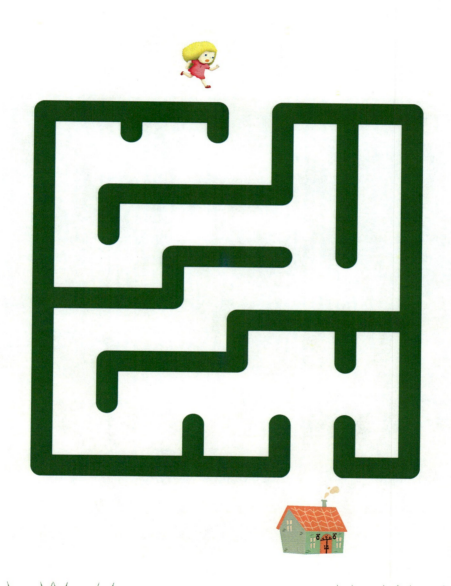

Spot the difference

Trouvez les différences

There are 6 to find

Il y en a 6 à trouver.

Answers

Réponses

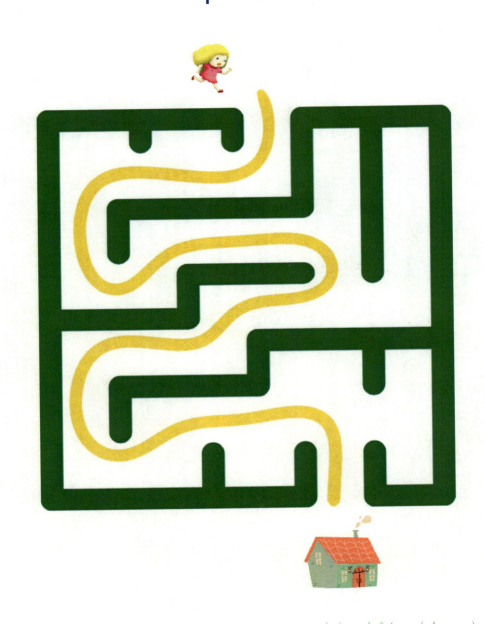

Free french audio book!

Unlock the captivating audio version of "Boucle d'Or et les Trois Ours" by signing up for my newsletter. Be the first to hear about new releases and enjoy exclusive discounts!

visit https://BookHip.com/CBWFWTA or scan the QR code

We'd love to hear from you! Leaving a review helps us to create more books!